LE VRAI PARTI NATIONAL

PROJET DE CONSTITUTION

PAR LE

CITOYEN Y. Z.

C'est le devoir de *tout électeur* de se faire une opinion réfléchie touchant la Constitution, parce que *tout électeur* doit être appelé à la ratifier.

PARIS

E. DENTU EDITEUR

AIRE DE LA SOCIÉTÉ DES GENS DE LETTRES

3, PLACE DE VALOIS, PALAIS-ROYAL

1888

PROJET

DE

CONSTITUTION

LE VRAI PARTI NATIONAL

PROJET
DE
CONSTITUTION

PAR LE

CITOYEN Y. Z.

> C'est le devoir de *tout électeur* de se faire une opinion réfléchie touchant la Constitution, parce que *tout électeur* doit être appelé à la ratifier.

PARIS

E. DENTU, EDITEUR

3, PLACE DE VALOIS, PALAIS-ROYAL

1888

Le vrai parti national se compose de tous ceux qui, sans refuser aux services loyalement rendus la reconnaissance qu'ils méritent, placent toujours l'intérêt public au-dessus des questions de personne et des querelles d'ambition.

ESQUISSE

D'UNE CONSTITUTION DÉMOCRATIQUE

AMI LECTEUR,

Nous voici enfin arrivés à l'heure où tous les vrais Républicains sont bien forcés de reconnaître la nécessité de reviser une Constitution qui n'avait été faite que pour enrayer le progrès de la démocratie; qui n'avait été placée sur la route de la République que comme un écueil contre lequel elle devait se briser.

Nous n'avons jamais compris, pour notre part, qu'elle ait été votée par des Républicains, et des Républicains sans mandat! Dès le premier jour, nous avons élevé une humble, mais ferme protestation; protestation restée à peu près sans écho, nous devons le reconnaître, car elle était, sans doute, prématurée : *on en était encore à célébrer le Grand Conseil des Communes.*

« Ce n'est pas sans inquiétude, écrivions-« nous le *21 juin 1876* (1), qu'un esprit « modeste, parce qu'il connaît sa limite, en « arrive à se demander s'il a le droit de se « croire plus sage que ses contemporains sur « des points où il se trouve en désaccord « *avec ceux qui sont réputés les sages.....* (mais) « .....nous sommes de plus en plus convaincu « que notre Constitution, imposée, peut-être, « par les circonstances (*bien que tel ne soit « pas notre sentiment*), n'a été, au point de « vue de notre évolution historique, qu'une « rétrogradation. Nos descendants du ving-« tième siècle auront de la peine à com-« prendre que nous ayons éprouvé le besoin « de revenir à ces « *chinoiseries* ». La démo-

1. *Esquisse d'une Constitution démocratique*, chez Calmann Lévy, un vol., 380 pages.

« cratie n'a pas de temps à perdre à des amu-
« settes. Elle retournera, quelque jour, dans « ses institutions, à une simplicité plus lo-« gique : une Assemblée souveraine, un « Pouvoir Exécutif subordonné. »

Aujourd'hui que nous avons assez durement expié notre faiblesse et notre imprévoyance, et que cette *politique d'expédients* menace de porter des fruits encore plus amers, il n'est que sage de revenir, sans retard, à la *politique de principe*, à la simplicité démocratique.

C'est pourquoi, Lecteur ami, nous jugeons utile de vous soumettre cette « Esquisse d'une Constitution » telle que nous la comprenons. Ce n'est pas, vous le voyez, une improvisation. Elle a été sérieusement méditée et, à ce titre, elle mérite d'être sérieusement étudiée. C'est l'heure où *tout électeur soucieux de son droit et de sa responsabilité* doit chercher à se faire une opinion sur ces questions, puisque, en cas de *referendum*, il peut être appelé à voter sur elles. Si je ne puis avoir la prétention de lui offrir un type parfait, complet, immuable, j'offre, tout au moins, un texte à ses réflexions; *et c'est le moment de réfléchir*. Il n'est rien de plus facile, en politique, que d'improviser une sottise; il n'est rien de plus difficile que de la réparer.

Ceci est vrai, surtout, en matière de Constitution.

Nous en savons quelque chose.

ESQUISSE

D'UNE

CONSTITUTION DÉMOCRATIQUE

Article premier (*Les Droits*).

La liberté est pour tout être le droit de vivre et de se développer conformément à son essence ; elle n'a de limites qu'une liberté *égale* chez les êtres de même espèce.

La liberté et l'égalité sont la source de tous les droits sociaux.

Tous les hommes naissent libres et égaux en droits.

Ils sont libres dans l'exercice de leurs facultés quelconques dans toutes les directions :

Ils sont libres dans leur corps, libres dans leur intelligence, libres dans leur conscience, libres dans leur volonté, libres dans toutes les manifestations possibles de leur activité.

Ils sont libres individuellement et collectivement ; ils sont libres dans chaque groupe social ; ils sont libres dans la commune, libres dans le département, libres dans l'État.

Le but principal de toute association politique étant la conservation des droits imprescriptibles qui dérivent naturellement de la Liberté et de l'Égalité, il ne peut être fait aucune loi qui porte atteinte ou mette obstacle à l'exercice ou à la jouissance de ces droits.

Mais comme la liberté ne consiste qu'à pouvoir faire tout ce qui ne nuit pas aux droits d'autrui, la loi peut établir des peines contre les actes qui attaqueraient les droits d'autrui, soit qu'il s'agisse d'individualités isolées ou collectives, soit qu'il s'agisse de la Société tout entière.

La justice est seule compétente pour prononcer sur la violation du droit et l'application de la loi.

En échange des avantages dont il jouit, tout membre de la Société doit obéir aux lois et se soumettre aux charges légalement établies conformément au principe d'égalité (1).

Article II (*La Loi*).

La loi est l'expression de la volonté générale, en qui réside la *Souveraineté naturelle et imprescriptible*.

La volonté générale ne pouvant être exprimée directement, les lois sont faites, à la majorité des voix, par ses représentants, en qui réside la *Souveraineté déléguée*.

Les représentants réunis forment une

1. Cet article est naturellement très sommaire. On peut, si l'on veut, dans une section spéciale, exposer explicitement ce qu'on appelle « les droits de l'Homme et du Citoyen », les attributions de l'État, du Département et de la Commune.

assemblée *unique* qui prend le nom d'Assemblée nationale.

L'Assemblée nationale domine toutes les magistratures publiques, qui émanent d'elle, vote l'impôt et *préside souverainement* à l'administration des intérêts généraux du pays.

Elle est *perpétuelle*, mais non permanente. Dans l'intervalle des sessions, elle est remplacée par une commission de surveillance. Elle est maîtresse absolue de son règlement intérieur et de la direction de ses travaux. Néanmoins, dans l'intérêt d'une bonne gestion des affaires publiques, elle formera, dans son sein, autant de *comités spéciaux permanents* qu'il existe de grandes branches de l'administration générale, c'est-à-dire de ministères.

Elle fixe elle-même l'ouverture et la clôture de ses sessions.

Elle ne peut être ni dissoute, ni prorogée par le Pouvoir exécutif.

Elle se compose de membres élus pour

six ans ; mais elle est renouvelable par tiers tous les deux ans, sur l'ensemble du territoire.

Les représentants sont élus au scrutin de liste, par département. En cas de vacance d'un siège, c'est au collège électoral qu'il appartient d'y pourvoir.

Les représentants sont responsables de leurs engagements *contractuels* envers leurs électeurs.

Dans le cas où ils se seraient engagés à voter dans un sens déterminé sur une question prévue et où ils se seraient abstenus ou auraient voté dans un sens contraire à leurs engagements, ils seraient déchus de leur mandat, sur la seule constatation du fait et la réclamation de leur comité électoral.

A cet effet, tout représentant sera tenu de déposer, entre les mains du président de l'Assemblée nationale, une copie de ses engagements *contractuels* signée de lui et du président de son comité.

Sont éligibles tous les citoyens majeurs et non frappés d'incapacité naturelle ou légale, sans condition de domicile.

Sont électeurs tous les citoyens capables et majeurs, moyennant le minimum de domicile nécessaire pour assurer la sincérité du vote.

Les conditions d'électorat et d'éligibilité sont les mêmes pour tous les groupes.

ARTICLE III (*L'Administration*).

L'Assemblée nationale ne pouvant exercer elle-même le pouvoir exécutif, le *délègue* à un de ses membres élu à la simple majorité des voix, lequel prend le titre de Président de la République.

Le Pouvoir exécutif, quelle que soit la qualité de la personne qui l'exerce, *est toujours une magistrature civile.* En aucun cas le

Président de la République ne peut commander *personnellement* l'armée.

Le Président de la République est élu pour deux ans; son élection a lieu immédiatement après l'élection biennale du tiers renouvelable de l'Assemblée.

Il *peut* (1) être réélu deux fois; mais il ne peut rester en fonction plus de six années consécutives, la durée totale de son mandat ne devant pas excéder celle du mandat législatif.

Le Pouvoir exécutif est subordonné à l'assemblée dont il est l'*agent et le mandataire général.*

A ce titre il préside, sous le contrôle souverain de l'Assemblée, à l'administration générale du pays, exécute fidèlemeut ses décrets, la tient sans cesse au courant des affaires, lui suggère les mesures utiles, mais ne peut

1. A mon sens, il doit, sauf indignité ou incapacité, être *confirmé* dans sa fonction, aucun concurrent ne pouvant lui être opposé qu'en cas de déchéance poursuivie.

ni déclarer la guerre, ni faire la paix, ni conclure un traité d'aucune sorte, ni engager aucune dépense sans avoir préalablement obtenu son approbation.

Il représente le pays *dans son unité*, soit à l'intérieur, soit à l'extérieur.

Il est responsable, mais inamovible durant la période biennale de ses fonctions.

Il choisit lui-même, soit dans l'Assemblée soit hors de l'Assemblée, ses Ministres ou Secrétaires d'État *individuellement* responsables devant lui.

Les Ministres nomment, chacun dans son département, leurs agents subordonnés.

L'initiative des lois appartient également à l'Assemblée et au Pouvoir exécutif qui a toujours le droit de prendre part à leur discussion par l'organe de ses Ministres.

Toute loi votée doit être aussitôt promulguée.

En cas de mort du Président de la République, de démission ou de *déchéance*, prononcée à la majorité des deux tiers des voix, pour crime ou pour délit, soit d'ordre public, soit d'ordre privé, l'Assemblée nommera un de ses membres qui le remplacera, jusqu'à l'expiration de la période biennale commencée, avec les mêmes titres, les mêmes charges et les mêmes prérogatives.

En cas de crime ou de délit, le Président déchu sera renvoyé devant les tribunaux ordinaires compétents.

Article IV (*Les Groupes élémentaires*).

Tous les groupes sociaux naturels ou politiques quels qu'ils soient : département, commune, arrondissement (dans le cas où on ne jugerait pas inutile de conserver cette dernière circonscription), jouissent de leur *autonomie administrative*.

Dans la limite de ses attributions naturelles, chacun de ces groupes est souverain comme l'État et au même titre (d'une souveraineté qui émane de la souveraineté individuelle).

Chacun d'eux organise son gouvernement sur le modèle de celui de l'État, en y apportant toutefois les modifications imposées par la nature des choses.

Ils traitent entre eux et avec l'État comme personnes libres et égales ; en cas de conflit c'est la justice ordinaire qui prononce.

ARTICLE V (*Le Département*).

Le gouvernement ou administration du Département est confié à une Assemblée élue au scrutin de liste (s'il y a lieu) dans chaque circonscription électorale.

La circonscription électorale est le canton.

Chaque canton élit deux représentants.

L'Assemblée départementale est perpétuelle, mais non permanente. Dans l'intervalle des sessions, elle *peut* être remplacée par une commission de surveillance.

Ses membres sont élus pour quatre ans; ils sont renouvelés par moitié tous les deux ans, *sur l'ensemble du département.*

L'Assemblée départementale élit elle-même, dans son propre sein, son Pouvoir exécutif, dont les devoirs, les droits et la responsabilité sont analogues, toute proportion gardée, à ceux de l'Exécutif dans le gouvernement de l'Etat.

Il prend le titre de Préfet.

Il est élu pour deux ans.

Il est rééligible après le renouvellement biennal de l'Assemblée départementale, mais une fois seulement.

Il touche une indemnité proportionnée à l'importance de ses fonctions.

Article VI (*La Commune*).

Le gouvernement de la Commune est confié à une Assemblée élue.

1° Dans les communes rurales, l'Assemblée communale est élue, au scrutin de liste, pour deux ans, et entièrement renouvelable.

Elle choisit, dans son sein, son Exécutif ou Maire, élu pour deux ans et indéfiniment rééligible.

2° Dans les communes urbaines, la dite Assemblée est élue au scrutin de liste ou au scrutin uninominal (selon qu'elles comportent une ou plusieurs circonscriptions), pour quatre ans et renouvelable par moitié tous les deux ans.

Elle choisit, dans son sein, son Exécutif ou Maire, élu pour deux ans et une fois rééligible.

Les attributions du Maire sont analogues à

celles de l'Exécutif dans le département et dans l'Etat.

Il peut lui être attribué une indemnité proportionnée aux ressources de la commune.

Article VII (*Pouvoir Judiciaire*).

La Constitution est la loi des lois; le législateur lui-même n'a pas le droit de la violer.

Toute personne *intéressée* peut déférer aux juges toute loi estimée contraire à la Constitution; les juges doivent prononcer selon leur conscience, et leur décision doit être respectée.

Article VIII (*Revision*).

La Constitution est revisable; mais il ne peut y être apporté aucune modification que par une Convention spécialement chargée de procéder à sa revision.

Quand l'Assemblée nationale aura déclaré qu'il y a lieu de procéder soit à une revision générale, soit à la revision particulière d'un ou de plusieurs articles de la Constitution, le pays sera invité à nommer une Assemblée de deux cents membres, élus, au scrutin de liste, par chaque département proportionnellement au chiffre de sa population.

L'Assemblée nationale *déléguera* elle-même vingt de ses membres, pour prendre part aux travaux de la Convention.

La Convention ne pourra délibérer que sur les points préalablement déterminés par l'Assemblée nationale dans son décret de convocation.

La Constitution ne peut entrer en vigueur qu'après avoir été ratifiée par le peuple.

Toute modification apportée à la Constitution existante sera également soumise à la ratification du peuple.

ÉCLAIRCISSEMENTS

Article premier. — Les institutions d'une société radicale doivent être les plus simples et les plus naturelles. Peu de lois : *corruptissimâ republicâ plurimæ leges*, plus une république est en décadence plus il y a de lois. La liberté reconnue et garantie partout, toujours et sous toutes les formes, se limitant elle-même et corrigée par sa propre responsabilité, cela suffit et c'est le seul régime qui convienne à un peuple majeur, c'est-à-dire souverain.

Art. 2. — A. Dans une grande société libre, comme la nôtre, le gouvernement ne peut être que représentatif.

Dans un pays *unitaire et égalitaire*, il n'y a pas matière à double représentation. La Nation délègue à une Assemblée, qui la représente, *l'exercice* de cette partie de sa souveraineté qu'exige son gouvernement, c'est-à-dire la gestion de ses intérêts généraux. Pour que cette Assemblée représente exactement la Nation, il faut qu'elle soit faite à son image, qu'elle réunisse la *stabilité* et la *mobilité*. Une Assemblée *perpétuelle et se renouvelant sans cesse*, comme la nation elle-même, offre donc, *en même temps que la capacité politique, qui ne s'acquiert que par l'expérience traditionnelle*, toutes les garanties que peuvent légitimement réclamer l'esprit de conservation et l'esprit de progrès. Par un renouvellement fréquent, mais partiel, le pays intervient constamment dans ses affaires et l'esprit de progrès, représenté surtout par les générations les plus jeunes, finit toujours par avoir satisfaction ; mais, grâce à la stabilité assurée par la perpétuité d'une Assemblée qui ne se renouvelle que peu à peu, le progrès se fait sans perturbation et sans secousse.

B. Nous croyons avoir, le premier, garanti la sincérité de la représentation en donnant à la responsabilité de l'élu envers l'électeur une sanction facile et efficace.

C. Nous pensons que la création, au sein de l'Assemblée, de *comités spéciaux permanents* correspondant à chaque ministère serait une institution des plus heureuses. Ainsi serait assurée la compétence du contrôle ; ainsi se prépareraient, pour la gestion des intérêts généraux, des administrateurs d'élite.

Art. 3. — Dans l'économie de notre Constitution, l'Assemblée nationale est le *pouvoir dominant*. C'est à elle que le peuple *souverain* délègue l'*exercice* de cette partie de sa souveraineté qu'exige le gouvernement de l'État; c'est avec l'Assemblée qu'il est en rapport *direct*; c'est sur elle qu'il agit directement; c'est, pour ainsi dire, elle seule qu'il connaît; elle seule est directement responsable devant lui.

Si l'Assemblée pouvait *agir* aussi bien qu'elle peut *délibérer*, elle réunirait le *pouvoir exécutif* et le *pouvoir législatif*. Mais la nature des choses ne le permet pas. Si *délibérer* est le fait de *plusieurs*, dit un adage bien connu, *agir est le fait d'un seul*. C'est pourquoi l'Assemblée souveraine choisit un *agent général* responsable devant elle, et devant elle seule. Cet agent, c'est le Pouvoir exécutif.

Agent et mandataire de l'Assemblée, *continuellement en rapport avec elle par l'organe de ses ministres*, il importe que le Pouvoir exécutif vive avec elle en bon accord; c'est pourquoi elle le choisit dans son propre sein.

Pouvoir subordonné, il importe qu'il ne puisse pas se soustraire à son influence; c'est pourquoi, quoique, *au fond*, élu pour six ans, il doit être *confirmé* dans sa fonction tous les deux ans, après le renouvellement biennal du tiers de l'Assemblée.

De cette manière, le Pays, en agissant directement sur l'Assemblée, agit indirectement sur le Pouvoir exécutif.

Mais comme il importe à la bonne gestion des affaires publiques que l'Exécutif *responsable* jouisse d'une suffisante indépendance, il est inamovible, sauf indignité ou incapacité reconnue, et il a le choix de ses ministres qui ne sont responsables que devant lui et toujours individuellement.

De cette façon, point de compétitions ministérielles, *point de crises parlementaires.* L'Assemblée nationale, sûre d'avoir toujours le dernier mot, peut se livrer tranquillement et avec suite à l'étude et à la réalisation des réformes si nombreuses et si importantes qu'attend la démocratie, et veiller de haut sur les grands intérêts du pays.

De plus, le Pouvoir exécutif étant une magistrature civile et le Président de la République ne pouvant, en aucun cas, commander *personnellement* l'armée, *ni faire appel* au peuple, qui ne l'a pas nommé et qui (théoriquement) ne le connaît que comme représentant le pays dans son *unité* (représentation toute décorative), il n'y a plus à craindre de dictature.

Il nous a paru que, dans ces conditions, il n'y aurait qu'avantage à conserver la Présidence de la République. Il est bon que, dans ses rapports avec les autres États, le pays soit représenté par quelque chose qui ait un corps et qui s'appelle d'un nom.

Art. 4. — L'individu, qui est libre et *majeur* dans l'État, doit l'être également dans le Département et dans la Commune. Quand les *attributions* de l'État, du Département et de la Commune ont été respectivement déterminées, chacun de ces groupes doit être également souverain dans la gestion de ses intérêts propres. C'est là ce qu'on appelle : l'*autonomie administrative*, et la *décentralisation*. L'autonomie est *juste*; la décentralisation est *utile*. Les intérêts ne sont jamais mieux gérés que par les intéressés. L'Exécutif *élu* par l'Assemblée départementale aura toujours plus de compétence, plus de dévouement aux intérêts et à l'*honneur* du département que ces oiseaux de passage qu'on appelle des Préfets, *nommés* par le Ministre de l'intérieur, simples agents politiques, despotes au petit pied, qui n'ont d'autre souci que celui de leur avancement. Il importe plus qu'on ne pense qu'il y ait de *petites patries* dans la grande. Il ne faut pas, dans l'intérêt même de la *grande patrie*, à laquelle, sans aucun doute, nous devons tous un dévouement absolu, il ne faut pas que tout ce qu'il y a d'intelligence et d'activité dans le pays aille *s'étouffer* dans une grande capitale. Plus il y a de *centres administratifs autonomes*, plus il y a de centres de lumières. Voyez, dans le passé, la Grèce, l'Italie, les Pays-Bas... chaque cité est une capitale de l'esprit.

Et qu'on ne craigne pas que la force de

l'État s'en trouve affaiblie ! Il n'en sera que plus fort quand son activité n'aura plus à se disperser sur des milliers d'affaires qui ne sont pas de son ressort; qu'il s'en tiendra aux attributions qui lui sont propres et dans la limite desquelles il doit rester maître absolu. « Qui trop embrasse, mal étreint », dit le proverbe; et le proverbe dit vrai.

Art. 7. — Nous n'avons rien voulu préjuger quant à l'organisation de l'*ordre judiciaire*; c'est une question à part. Le *pouvoir judiciaire* est autre chose : c'est le droit attribué à l'ordre judiciaire, de quelque manière qu'il soit organisé, de prononcer souverainement sur tous les cas de droit ou d'équité qui naîtront de la Constitution et qui seront déférés aux juges par les parties intéressées.

Art. 8. — Bien qu'une Constitution normalement délibérée et votée par une Assemblée élue à cet effet ne doive être modifiée qu'en cas d'absolue nécessité, cette nécessité peut se produire. Il faut donc la prévoir. — Dans notre système, où tout se fait avec maturité, mais où tout ce que veut vraiment le pays se fait en temps utile, quand l'expérience aura rendu nécessaire de reviser ou d'amender la Constitution, le pays fera connaître son désir à l'Assemblée nationale par les élections biennales, et, si ce désir persiste, l'Assemblée ne pourra jamais prolonger sa résistance (si résistance il y a), au delà de la seconde élection biennale, c'est-à-dire au delà de deux ans ; ce qui est peu dans des questions de cette nature. Quand l'Assemblée aura prononcé qu'il y a lieu à une revision, totale ou partielle, qui est-ce qui doit y procéder? Est-ce l'Assemblée elle-même? — Non. La revision de la Constitution ne doit ni suspendre, ni entraver le gouvernement du pays. C'est pourquoi nous jugeons qu'il faut élire une Assemblée spéciale, une *Convention*. Nous pensons, en outre, que cette Assemblée doit être peu nombreuse. Il n'est pas facile de trouver, dans un pays quelconque, en dehors des pouvoirs publics, deux cents personnes qui soient capables de concourir à une œuvre aussi sérieuse que l'élaboration des lois constitutionnelles. Et comme il y a lieu de supposer que le pays a, sans doute, envoyé à l'Assemblée nationale les principales capacité de cet ordre, nous croyons utile que l'Assemblée délègue à la Convention ceux de ses membres, au nombre de vingt, qu'elle jugerait les plus capables d'éclairer, et, au besoin, de diriger les débats de la Convention.

La Constitution doit-elle être soumise à la ratification du peuple? — Oui. — Pourquoi? Parce qu'elle est la garantie de sa liberté et qu'il doit s'en faire le défenseur: que, par conséquent, il doit la connaître et l'aimer comme on aime son œuvre. Or, pour un peuple intelligent et libre, *ratifier* sa Constitution c'est la faire, car c'est, en même temps, la connaître et l'approuver.

Le lecteur peut le voir maintenant, dans ce système tout s'enchaîne avec une rigueur logique, avec une simplicité que nous ne pouvons nous empêcher de trouver admirable, non par un puéril sentiment d'amour propre, mais parce que nous croyons y voir l'effet de sa conformité avec la nature même des choses.

29 avril 1888.

Imp. de la Soc. de Typ. - Noizette, 8, r. Campagne-1re. Paris.

www.ingramcontent.com/pod-product-compliance
Ingram Content Group UK Ltd.
Pitfield, Milton Keynes, MK11 3LW, UK
UKHW020401250726
13967UKWH00005B/2405